EXPOSITION UNIVERSELLE

1867 PARIS 1867

ÉTATS PONTIFICAUX

PARIS

IMPRIMÉ PAR ADRIEN LE CLERE

IMPRIMEUR DE N. S. P. LE PAPE ET DE L'ARCHEVÊCHÉ DE PARIS

RUE CASSETTE, 29, PRÈS SAINT-SULPICE

1867

EXPOSITION UNIVERSELLE

1867 PARIS 1867

ÉTATS PONTIFICAUX

PARIS

IMPRIMÉ PAR ADRIEN LE CLERE
IMPRIMEUR DE N. S. P. LE PAPE ET DE L'ARCHEVÊCHÉ DE PARIS
RUE CASSETTE, 29, PRÈS SAINT-SULPICE.

1867

Commissaire Pontifical : M. le Baron DU HAVELT, ✱.
Grand-Croix de St-Grégoire le Grand.

Commissaire adjoint : M. le Vicomte DE CHOUSY, ✱.

Juré pour les beaux-arts : M. Victor SCHNETZ, C. ✱.
Membre de l'Institut.

COMMISSION PONTIFICALE

CHARGÉE DE CHOISIR OU D'APPROUVER LES PRODUITS ENVOYÉS A L'EXPOSITION UNIVERSELLE DE 1867

Le Baron C[deur] Constantin Baldini, Ministre du Commerce et des Travaux Publics, *Président.*

Le Ch[lier] Louis Tosi, Substitut du Ministère du Commerce.

Le C[deur] Louis Grifi, Secrétaire général du Ministère et Secrétaire de la Commission.

Le C[deur] Thomas Minardi, Inspecteur des Musées de Rome.

Le Grand C[deur] Pierre-Hercule Visconti, Commissaire des Antiquités romaines.

Le C[deur] Pierre Ténérani, Directeur général des Galeries et des Musées Pontificaux.

Le C[deur] Louis Poletti, Membre du Conseil des Arts, et Professeur d'Architecture à l'Académie de Saint-Luc.

Le C[deur] François Podesti, Ex-Président de l'Académie de Saint-Luc.

Le C[deur] Jean-Baptiste de Rossi, Conseiller de la Commission consultative des Beaux-Arts.

Le C[deur] comte Virginius Vespignani, Conseiller de la Commission consultative des Beaux-Arts.

Le Duc D. Marius Massimo, Président de la Chambre du Commerce de Rome.

Le Ch[lier] Robert Fleury, Directeur de l'Académie Impériale de France.

Le C[deur] Nicolas Cavalieri San Bertolo, Président du Conseil des Arts.

Le C[lier] Valerius TROCCHI, Ex-Président de la Chambre du Commerce à Rome.

Le Professeur Clément JACOBINI, Membre de la Commission d'Agriculture.

Le C[lier] Professeur Benoît VIALE PRÉLA, Membre de la Commission d'Industrie.

Le Professeur François RATTI, Membre de la Commission d'Industrie.

Le C[lier] Professeur Joseph PONZI, Membre de la Commission d'Industrie.

M. Gaetano BARLOCCI, Ingénieur du Gouvernement Pontifical près l'Exposition.

Sa Sainteté le Pape Pie IX a voulu que son gouvernement répondît à l'appel de la France et prît part à ce grand concours; il a voulu que la Papauté temporelle descendît parmi nous, escortée des Beaux-Arts et des Sciences dont elle fut toujours la patronne et la gardienne, parée de son Archéologie sans égale parmi les peuples, et montrant au monde par son industrie qu'elle est aussi vivante dans le présent que glorieuse dans le passé.

Comment cette volonté auguste s'est-elle accomplie? Il appartient à d'autres qu'à nous de le dire; mais, pour être impartiaux, ses juges devront se souvenir des obstacles par lesquels elle fut entravée.

Ces obstacles furent si grands que ses ennemis eux-mêmes eussent excusé le Gouvernement pontifical d'y avoir succombé. Mais Rome a dans son histoire des traditions qui l'obligent à tous les héroïsmes, qui la rendent forte dans sa suprême faiblesse; aussi naguère, lorsque tout chancelait autour d'elle, lorsque les périls de la dernière heure semblaient venus, Rome rassemblait ses artistes, ses beaux-arts, ses richesses, et les envoyait planter son drapeau et soutenir son honneur sur une terre lointaine.

Ainsi lorsque Annibal assiégeait la Rome antique, le Sénat, faisant sortir ses légions par une porte restée libre, les envoyait à de nouvelles conquêtes, pour marquer sa confiance dans ses invincibles destinées.

On comprendra cependant que l'Exposition Pontificale, aux prises avec des événements si contraires, n'ait pu, malgré tous les efforts, se préserver complétement de leur atteinte et qu'elle ait souffert par le nombre, sinon par le mérite des objets envoyés. Le programme indiqué par la France a été rempli néanmoins, et dans chacun de ses groupes, l'Exposition Romaine présente quelques objets de valeur qui marquent sa place et assurent son rang.

Parmi les œuvres les plus remarquables, nous devons indiquer, avant toute autre, un modèle d'une chambre des Catacombes de Rome, construit avec beaucoup d'art et d'exactitude, sous la direction d'un savant archéologue, par l'ordre et aux frais de Sa Sainteté.

Touchante et philosophique pensée, que celle d'opposer à tant de merveilles, ce monument si modeste du Christianisme qui les a inspirées; afin que notre civilisation moderne, au milieu des ivresses de son apothéose, passant un jour devant cet humble asile, s'arrête, s'incline et salue son berceau ; afin qu'elle se souvienne que sa première lueur s'est allumée sous ces voûtes obscures, vacillante comme un souffle, tremblante comme une persécutée, craignant de se trahir par l'ouverture étroite de ses lucernaires ; *puis envahissant peu à peu toutes les couches du sol, comme elle devait envahir le monde, éclairant bientôt une ville souterraine aussi populeuse que la ville païenne, et quittant enfin ces retraites profondes pour monter jusqu'au trône et jusqu'au front des Césars.*

Ce monument de l'archéologie chrétienne, qui s'élève au milieu des riches spécimens de l'architecture orientale, ne souffre pas cependant de ce fastueux voisinage ; la foule se presse chaque jour pour le visiter : il est pour tous l'objet d'une vive curiosité; il sera pour un grand nombre le but d'un pieux pèlerinage.

Dans les autres parties de l'Exposition Pontificale, il faut citer encore le météorographe exposé par le directeur de l'Observatoire du Collége romain ; une horloge à régulateur isolé, une horloge hydraulique et des machines ichnographiques construites spécialement pour servir à la topographie des Catacombes.

L'imprimerie de la Propagande a offert de beaux spécimens, parmi lesquels un exemplaire en trente langues du plus ancien code biblique conservé au Vatican.

L'industrie s'est signalée par une ingénieuse machine servant à reproduire les médailles, par des tapis d'une grande richesse, des soieries, des voitures et des meubles incrustés en ivoire, qui, dans un concours si nombreux, ont eu l'honneur d'obtenir le second rang.

Plusieurs artistes romains fixés en France ont tenu à honneur d'exposer leurs œuvres dans la section Pontificale, dont ils ont augmenté l'éclat par ce témoignage de leur dévouement, et c'est aux mêmes sentiments de sympathie et de respect pour le Saint-Siége, que nous devons deux admirables collections de la numismatique romaine, exposées par le président de la Société française d'Archéologie et par l'un des secrétaires de cette même Société.

Mais, ne craignons pas d'en convenir, l'Exposition Romaine, fidèle à ses antécédents, se distingue particulièrement dans les beaux-arts, la peinture, la gravure, et surtout les camées, les mosaïques et la statuaire.

Le marbre et la pierre, tels sont en effet les matériaux indestructibles sur lesquels Rome se plaît à graver son histoire. . . . . souvenir peut-être de la pierre symbolique dont le Christ fit un jour la base de son Eglise, et sur laquelle, après dix-huit siècles d'orages, la Rome chrétienne est encore assise.

Vicomte DE CHOUSY.

ETATS PONTIFICAUX

MUSÉE
DE L'HISTOIRE DU TRAVAIL

ARCHÉOLOGIE

SA SAINTETÉ LE PAPE PIE IX

PARTIE DE COULOIR ET CRYPTE des Catacombes Romaines dans un état de parfaite conservation, modèle de grandeur naturelle.

Chaque sépulcre, chaque fresque, chaque sculpture a été fidèlement copiée (1).

La construction de ce modèle a été dirigée par le commandeur Jean-Baptiste de Rossi, aidé par son frère le chevalier Michel-Etienne de Rossi.

Le couloir est bordé de niches sépulcrales avec inscriptions gravées sur pierre, peintes sur briques, écrites sur la chaux à la manière égratignée (ornements et images à fresques).

Le *cubiculum* représente une chambre d'époque très-ancienne (de la

(1) Voir le compte rendu, texte et gravure, du journal *l'Exposition universelle illustrée* du 21 juin 1867.

première moitié du IIe siècle), dont les parois ont été, au IIIe siècle, creusées en trois *arcosoles* et dont la voûte a été taillée dans le même siècle.

Un *lucernaire* éclaire à demi ce souterrain. Les peintures des parois sont du IIe siècle, celles des arcosoles et du lucernaire sont du IIIe. Les sujets sont empruntés aux fresques des cryptes de Lucina dans le cimetière de Calixte et à d'autres monuments de ce cimetière, et de ceux de Domitille et de Priscille. Tout est combiné de manière à constituer un ensemble conforme aux traditions symboliques, chronologiques et artistiques, d'après les modèles originaux existant dans les souterrains suburbains.

Ce monument est construit en bois revêtu d'écorce de liége, de toiles peintes, de plâtre et de lames antiques en terre cuite.

MM. Gnoli, Grégoire Mariani, et Filippo Settele, ont coopéré à son exécution, dont Sa Sainteté le Pape Pie IX a supporté tous les frais.

CHIGI (Son Exc. Mgr)

Nonce apostolique.

JÉSUS PORTANT SA CROIX, tableau original de Léonard de Vinci.

LE MARTYRE DE SAINT SÉBASTIEN, de Fra Bartolomeo da S. Mario.

ROSSI (Chevalier MICHELE STEFANO DE)

Découvertes paléo-ethnologiques récemment faites dans la Campagne romaine. Tableau divisé en trois colonnes correspondant aux grandes périodes antéhistoriques.

PREMIÈRE COLONNE.

L'AGE DE LA PIERRE BRUTE, ARCHÉOLITHIQUE.

PIERRES TAILLÉES DANS LES CAVERNES DE GRAVIER, à Ponte-Molle.

Le plan et la coupe de la vallée du Tibre, dessinés par M. Paolo Mantovani, montrent la différence de niveau entre les eaux actuelles du fleuve et celles de l'époque quaternaire qui fournirent les travertins, les marnes et les sables fluviaux, et qui entraînèrent le gravier des Apennins dans lequel on a trouvé des armes et des ustensiles en pierre à fusil dessinés ici de grandeur naturelle.

ATELIERS D'USTENSILES EN PIERRE au pied des monts de Corniculum.

Les recherches de plusieurs illustres savants, continuées par l'exposant, aboutissent à prouver qu'il a existé une station humaine dans cet endroit; la forme des armes et le niveau des eaux qui les ont déposées ne permettent pas de douter que ce sont là des monuments archéolithiques.

ARMES EN PIERRE dans le Latium.

Sous la colonne des découvertes archéolitiques tombe la section du cône de la première période antique du Latium. On y voit toutes les couches produites par les éruptions volcaniques, et on a trouvé dans l'une de ces couches des objets travaillés en pierre qui prouvent que l'homme a vu les phénomènes éruptifs de la période quaternaire, et qu'il a vécu sur les pentes de ces monts.

2e COLONNE. — EPOQUE NÉOLOTHIQUE.

SÉPULCRES, de l'âge de pierre.

Une description graphique de la vallée Ustina et une topographie de la même vallée montrent le lieu et les circonstances dans lesquels l'exposant a trouvé des sépulcres creusés dans le gravier laissé à sec par le retrait des eaux quaternaires, avec cinq squelettes et des armes du second âge de pierre.

Un sépulcre contenait deux corps du type brachycéphale, l'autre sépulcre trois corps du type dolychocéphale; on en voit ici la photographie. Dans le premier sépulcre se trouvaient différents objets enfermés dans un vase en terre cuite d'une forme étrange témoignant d'un art céramique très-grossier; l'autre sépulcre ne contenait ni armes ni vases, mais beaucoup d'ossements d'animaux, principalement de cerfs, de bœufs et de porcs.

ARMES ÉPARSES DANS LA CAMPAGNE.

Ces armes de pierre, connues sous le nom de *pointes de foudre*, ont été appelées ainsi par les savants jusqu'à la fin du XVIe siècle. Les anciens écrivains les ont appelées *langues de pierre* et *pierres de foudre*. On en ornait les casques et les diadèmes, parce qu'on les croyait des produits du ciel.

3e COLONNE. — ÉPOQUE DES MÉTAUX. BRONZE ET FER.

TRACES DE L'ÉPOQUE DE BRONZE restées dans les antiquités romaines.

Lucrèce atteste que le bronze a été mis en usage avant le fer. En outre, l'usage des ustensiles de fer était interdit aux personnes sacrées, tandis que, au contraire, les ustensiles de bronze leur étaient prescrits.

ARMES appartenant probablement à l'époque de bronze.

On a dessiné un certain nombre d'armes, de haches, de couteaux identiques par leur forme à celles trouvées dans les habitations lacustres. On n'en connaît pas d'ailleurs la provenance, et c'est leur forme seule qui a déterminé leur place.

NÉCROPOLES de l'époque de fer dans le Latium.

Depuis 1817, on a trouvé sous une couche de cendres des vases de diverses formes portant tous les caractères d'une époque antéhistorique ; l'examen qu'en ont fait plus récemment MM. Pigorini, Ponzi, et particulièrement l'exposant, permet de l'affirmer avec certitude.

HABITATIONS LITTORALES de l'époque de fer sur les lacs du Latium.

Sous des débris volcaniques près d'un lac maintenant desséché, on a souvent trouvé des vases analogues à ceux dont il est question plus haut. Tout prouve qu'il a existé sur ces bords des habitations humaines ; il se trouve même des objets étrusques du style le plus ancien qui attestent que des relations commerciales existaient entre le peuple primitif du Latium et les Etrusques voisins. Cette colonne, consacrée à l'époque des métaux, se termine sur la section de la dernière période éruptive du Latium, dont les débris volcaniques ont enseveli les habitations et les nécropoles de l'âge de fer.

PONTON D'AMÉCOURT (Vicomte de)

Président de la Société française de Numismatique.

SYSTÈME MONÉTAIRE DES ROMAINS. Spécimens de monnaies de tous modules et de tous métaux, ayant eu cours aux diverses époques de la République et l'Empire romain.

MONNAIES CONSULAIRES. Choix de deniers des familles consulaires de Rome.

SÉRIE ICONOGRAPHIQUE DES EMPEREURS ROMAINS. Collection de monnaies d'or des empereurs romains, depuis Pompée jusqu'à la fin de l'empire d'Orient.

M. LEMAITRE

Membre de la Société française de Numismatique et d'Archéologie.

NUMISMATIQUE ROMAINE. Monnaies de l'Empire romain et spécimens antérieurs (sept cents exemplaires en bronze, argent et or).

ROSSIGNANI (GIOVANNI)

TABLE RONDE, formée de 1,200 spécimens de verres anciens étrusques des couleurs les plus rares et les plus variées.

Cette collection de verres étrusques est la première qui soit aussi complète.

BANCHINI (PIETRO)

COLONNES EN MARBRE BLANC incrustées de mosaïques de style byzantin.

CRESSENTI (ADÉLAÏDE Veuve FIORELLI)

PARURE COMPLÈTE en guipure d'Espagne du XVIe siècle.

TROCCHI (les Frères VALÈRE & ROCH)

UN HERMÈS à deux têtes.

GRANDI (BENEDETTO)

ONYX ANCIEN d'Abyssinie.

Cet onyx, d'un travail grec, représente Apollon jouant de la lyre ; la lyre est appuyée sur la tête d'une jeune femme qui offre à la Divinité les prémices, dans une coupe, selon le rit observé. Le sujet paraît être emprunté au *Phédon* de Platon, et à la *Vie de Thésée* de Plutarque.

CAMÉE ANCIEN du XVe siècle (bague montée en or).

L'artiste voulant représenter l'Obéissance a dessiné sur la pierre un petit satyre qui, ayant bridé une cigogne, se tient à cheval dessus ; armé d'un bâton, il semble vouloir l'exciter à prendre son vol au-dessus des marais où ils se trouvent. La docilité et la douceur de la cigogne sont légendaires et ont été constatées même par Buffon.

GERALDINI (EUGENIO)

Paris, rue St-Martin, 259.

VASES en malachite.

CASTIGLIONNE COLONNA (Mme la D[sse] DE)

MEUBLE du XVIe siècle.

PAGÈS (LÉON)

Paris, rue du Bac, 110.

PEINTURES AL SUGO D'ERBA. Esquisses de cinq sujets composés par Raphaël.

CONVERSION DE SERGIUS.

S. Paul confond le magicien Barjésu, qui est frappé d'aveuglement. Le proconsul romain Sergius se convertit à la vue de ce miracle.

LA PÊCHE MIRACULEUSE.

Simon Pierre se jeta aux pieds de Jésus en disant : Eloignez-vous de moi, Seigneur, car je suis un pécheur.

JÉSUS REMET LES CLEFS A SAINT PIERRE.

Le Sauveur dit à Pierre : Paissez mes brebis.

PRÉDICATION DE SAINT PAUL à Athènes.

S. Paul prêche aux philosophes le Dieu inconnu. Conversion de Denys l'Aréopagite et de Damaris, représentés à la gauche du tableau.

CONVERSION DE SAINT PAUL.

S. Paul est renversé de son cheval. Frayeur de ses compagnons.

(Ce dernier sujet manque à Hampton-Court.)

GARRUCCI (le R. P.)

PHOTOGRAPHIES DES PEINTURES DE VULCI, prises dans un hypogée étrusque (Musée du prince Torlonia, à Rome).

PLANCHE I.

1. — Sisyphe porte un rocher sur ses épaules, un génie ailé le repousse, Amphiaraüs les regarde.
2. — Cassandre embrassant la statue de Pallas.
3. — Etéocle et Polynice se frappent mutuellement de leur poignard.

PLANCHE II.

Achille égorge un Troyen. Le Destin et Caron sont présents à ce meurtre ; les deux Ajax emmènent d'autres Troyens pour le sacrifice ; l'ombre de Patrocle et Agamemnon se tiennent près d'eux.

PLANCHE III.

Mastarna, nommé plus tard Servius Tullius, coupe les liens de Celius Vibenna captif, tandis que ses compagnons surprennent les gardes et les massacrent.

PLANCHE IV.

1. — Marcus Camellena massacre le Romain Eneas Tarcon (peut-être l'un des deux gardes).

2. — Velius Satius et Arnesa (peut-être les Étrusques ensevelis dans l'hypogée).

3. — Phénix et Nestor sur le rivage de Troie.

PLANCHE V.

Frises représentant des combats d'animaux.

PLANCHE VI.

Même sujet que la planche V.

PLANCHE VII.

Noms des personnages représentés ; cette écriture doit être lue de droite à gauche.

GONNELLE (Messieurs)

CHRIST EN BRONZE.

Ce Christ, de grandeur naturelle, est une des œuvres les plus remarquables de l'école florentine à la fin du XVe siècle.

Il est attribué au ciseau de l'illustre Ghiberti, l'auteur des portes du baptistère de l'église de Saint-Jean à Florence.

CARBONNELLI (le Baron)

SCÈNE DE LA VIE DE L'EMPEREUR TRAJAN.

Peinture sur bois, de Raphaël.

L'empereur Trajan, en sortant de Rome suivi de son armée pour aller combattre les Daces, rencontra une veuve qui se présenta à lui pour demander justice du meurtre de son fils. L'empereur s'arrêta et, ayant écouté la veuve, envoya à la recherche du coupable, qui fut reconnu pour être son propre fils. L'empereur alors demanda à la veuve si elle voulait que le coupable fût décapité, ou si elle préférait l'avoir à la place de son fils tué. La veuve, pensant que la mort du fils de l'empereur ne rendrait pas la vie à celui qu'elle avait perdu, préféra l'avoir à la place de ce dernier, et l'obtint.

COTROFIANO (Mme la Dsse DE)

10, *rue Madame, à Paris.*

POINTE DE DENTELLE ayant appartenu à la reine de France Marie-Antoinette.

ROUET EN ÉBÈNE ayant appartenu à la reine, qui s'en est servi ainsi que du Fichu pendant qu'elle était dans la prison du Temple.

Ces deux objets furent donnés à Mme la duchesse de Cotrofiano par la reine Maria-Isabella, mère du roi Ferdinand II, qui elle-même les avait reçus de Mme la duchesse d'Angoulême, ainsi qu'il en appert d'un certificat signé du comte del Balzo, et de M. Gaetano Martinez, notaire à Naples.

NONJON (Mme DE)

VASE ANTIQUE en marbre.

PANNEAUX sculptés.

PANNEAUX de peintures anciennes.

TABERNACLE gothique.

STATUETTES en bois sculpté.

PLAT DE CUIVRE gravé.

CHRIST en corail.

BRANCHE DE CORAIL.

M. MASSART

104, *rue du Bac, à Paris.*

MOSAIQUE ANCIENNE.

MEROLLI (LORENZO)

10, *rue de Moscou, à Paris.*

TAPISSERIE DU XVe SIÈCLE, représentant le Jugement dernier.

Mme GIROMETTI ET M. TRÉMANT

Paris. — Chez M. Greffier, rue Mazagran, 9. — Camées Girometti.

PTOLEMÉE PHILADELPHE ET ARSINOE. — Camée sur cornaline orientale des plus rares; la pierre seule a coûté plus de 10,000 fr.

Giuseppe Girometti, l'auteur de ce camée, mort à Rome en 1851, à l'âge de 71 ans, est le seul parmi les modernes qui ait eu l'honneur de voir acheter, de son vivant, dix de ses camées pour le musée du Vatican. Ce grand camée fut son dernier travail et son chef-d'œuvre.

ACHILLE. — Camée sur sardoine orientale, très-rare.

Les veines de différentes couleurs ont été habilement utilisées par l'auteur; le visage semble bronzé par le soleil; le casque et le bouclier ont la couleur de l'acier. Les travaux d'Achille sont gravés sur ce bouclier.

UNE BACCHANTE. — Camée sur cornaline orientale.

HERCULE. — Camée sur cornaline dont la teinte rose le rend des plus curieux, en même temps que la perfection du travail en fait un des plus beaux spécimens de l'art.

Ces trois camées sont de Pietro Girometti, ancien directeur de la monnaie, à Rome, fils de Giuseppe Girometti ; ce grand artiste est mort prématurément le 13 juillet 1859.

PREMIER GROUPE. — ŒUVRES D'ART.

CLASSE I^RE. PEINTURES A L'HUILE.

MULLER (Gustavo)

UNE JEUNE PAYSANNE portant des grappes de raisin.

UNE JEUNE FEMME, qui vient de déposer son enfant au tour de l'hospice des Enfants Trouvés.

BOSSI (Silvestro)

LA SAINTE VIERGE ET L'ENFANT JÉSUS.

GRASSIN (Caterina)

L'ADORATION DES MAGES.

ANGELINI (Chevalier ANNIBAL)

Professeur titulaire à l'Académie de Saint-Luc.

FAÇADE DE LA CATHÉDRALE D'ORVIÉTO.

La cathédrale d'Orviéto est célèbre par la richesse et la délicatesse exquise des sculptures et des mosaïques dont elle est ornée. Le tableau qui en représente la facade a été exécuté d'après un système qui tient, pour ainsi dire, de la fresque et de la mosaïque, en ce sens qu'il a été peint par petits fragments achevés jour par jour. Il en résulte qu'il n'a ni recouvrement ni glacis. Les plus petits détails de sculpture ou de mosaïque sont reproduits avec une fidélité qu'il est difficile d'obtenir par la peinture à l'huile.

(*Voir Classe* VI.)

MAES (MARIA)

LE BONHEUR CONJUGAL. — Scène de la vie des paysans romains.

MAES (GIACOMO)

LA VILLA VOLKONSKI.

KNEBEL (TITO)

LE MONT PINCIO.

ZUCCOLI (Luigi)

LES MARTYRS CHRÉTIENS, au temps de Néron.

BERTACCINI (Antonio)

VUE DE LA CAMPAGNE ROMAINE.

PILLIARD (Jacques)

PIAZZA PAGANICA, à Rome.

LE FIÉVREUX ET SA MÈRE.

LES DEUX MENDIANTS.

ROSSI (Casimiro de)

GOLDONI ET DES COMÉDIENS.

Charles Goldoni, se trouvant en voyage avec des comédiens, se décide à embrasser la carrière dramatique.

BACCHUS ENFANT plongé dans l'ivresse.

PASCUTTI (Antonio) (1)

Passage Saint-Pierre, 6, *Paris-Montmartre.*

VUE DU GRAND CANAL, à Venise.

(1) « Encore un peintre qui prend vaillamment son rang; c'est M. Antonio Pascutti, qui a exécuté les peintures décoratives de la façade des États

UN BAL au théâtre de Barcelone.

DÉCORATION DE LA JAÇADE de l'Exposition des États Pontificaux.

SPINETTI (CESAR)

Paris, rue de Laval, 39.

PORTRAITS.

POGGI (RAFFAELE) (1)

Paris, rue Carnot, 3.

L'ENFANT PRODIGUE.

UN MARIAGE EN ETRURIE.

PROMÉTHÉE.

PAYSANNE de la Campagne romaine.

CATALANI (le Cdeur VINCENZO)

SAINT PAUL DEVANT L'AREOPAGE.

S. Paul révèle aux Athéniens le *Dieu inconnu ;* il se tient debout au milieu de l'Aréopage en présence des sénateurs assemblés pour juger sa

pontificaux. Il a aussi exposé une *Vue de Venise*, où la fantaisie se mêle à la science, et un *Intérieur du théâtre de Barcelone* tout étincelant du brio de Giraud et d'Eugène Lami. »

(Extrait du *Journal officiel de l'Exposition*, numéro du 17 juin 1867.

(1) Voir le compte rendu du *Monde*, numéro du 14 juillet 1867.

doctrine et de la multitude accourue pour l'écouter. Cette foule se compose non-seulement des Athéniens et d'autres Grecs, mais encore de Perses, d'Egyptiens, d'Arabes, de Chaldéens, d'habitants des contrées les plus éloignées de l'Orient. Les personnages sont au nombre de cinquante-sept ; l'Apôtre des nations occupe le premier rang, les juges de l'Aréopage en robe sénatoriale dans diverses attitudes se tiennent attentifs à la parole de S. Paul. On n'a pas oublié dans cette grande composition la partie décorative, qui donne à la toile la vérité de la couleur locale. On y voit l'édifice du sénat, les places publiques, l'amphithéâtre et l'hippodrome, le temple de Thésée, celui des Cariatides et le Parthénon (1).

BOMPIANI (le Clier Roberto)

L'AUTOMNE.

PANINI (Niccolo)

PORTRAIT DE M. CAMPS, avocat à Paris.

Peinture d'un nouveau système, qui a pour base une essence pure et un vernis tiré de l'ambre, à la différence de la peinture ordinaire qui emploie les huiles siccatives.

PODESTI (le Cdeur Francesco)

GALATHÉE ET AMPHITRITE.

(1) Voir le compte rendu du journal *le Monde*, 14 juillet 1867.

PREMIER GROUPE. — CLASSE II.

PEINTURES DIVERSES

FONTANA (Giacomo)

Architecte.

INTÉRIEUR DE LA BASILIQUE DE SAINT-PIERRE DU VATICAN.

INTÉRIEUR DE LA BASILIQUE DE SAINT-PAUL, sur la voie d'Ostie.

INTÉRIEUR DE LA BASILIQUE DE SAINT-LAURENT hors des Murs.

PARTIE DE CETTE BASILIQUE nouvellement restaurée.

(Aquarelles.)

SEVERATI (Filippo)

PORTRAIT DE S. S. LE PAPE PIE IX.

PORTRAIT DE S. EM. Mgr LE CARDINAL ANTONELLI.

Ces deux portraits sont peints sur porcelaine.

FERRARI (Nicolas)

LA DÉPOSITION DE LA CROIX. — Dessin original d'après le tableau de Raphaël.

LA CHASSE DE DIANE. — Dessin original d'après le tableau du Dominiquin.

(Voir Classe VI.*)*

PERUGINI (Giuseppe Lorenzo)

Paris, rue du Bouloi, 19.

LA REMISE DES CLEFS A S. PIERRE, d'après Raphaël.

ANTIOPE, d'après le Corrége.

FIORENTINI (Saviño)

Paris, rue Burcq, 10.

LES TROIS COLONNES DE JUPITER STATOR.

VUE DE NOTRE-DAME DE PARIS.

VUE DE VENISE.

(Aquarelles.)

MENGHINI (Michele)

LA CÈNE CHEZ SIMON LE LÉPREUX. — Miniature sur parchemin.

LA MADONE DE SASSO-FERRATO. — Miniature.

THEVENIN (le Clier CARLO GIOVANNI)

SAINT LUC faisant le portrait de Notre-Dame, d'après Raphaël.

L'AMI DE RAPHAEL, dit le Violonniste.

Ces deux dessins ont été exécutés par ordre de la Commission de la Calcographie pontificale.

LA JOUEUSE DE MANDOLINE, d'après Ingres.

LES ENFANTS DE CHARLES Ier, roi d'Angleterre. — Miniature, d'après Van Dyck.

PREMIER GROUPE. — CLASSE IIIe.

SCULPTURE ET GRAVURE SUR MÉDAILLES

CIMARRA (Telemaco)

ADONIS CHASSEUR, groupe avec socle en marbre.

LOMBARDI (Giovita)

LA POULE ET SES POUSSINS, groupe en marbre.
(*Vendu.*)

BIGGI (Giovanni)

LADY MACBETH. — Statue marbre, grandeur naturelle.

MULLER (Odoardo)

UN FAUNE ENDORMI. — Statue en marbre.
(Appartient à M. Henri Schroeder.)

JEUNE NAPOLITAINE couronnée de lauriers, buste marbre.

BRODSKI (Vittorio)

CUPIDON QUI SE RÉVEILLE.

Cette figure est posée sur un riche socle en marbre, où sont représentées les différentes phases de l'amour ; trois dragons supportent ce piédestal.

CUPIDON ENDORMI, piédestal en marbre.

LE CHRIST EN CROIX, marbre.

LUCCARDI (le Cliet Vincenzo) (1)

Professeur à l'académie de Saint-Luc.

LE DÉLUGE UNIVERSEL, groupe en marbre.

Episode du déluge, choisi par l'artiste au moment où un groupe de trois personnes cherche un dernier refuge sur un rocher élevé.

Socle en marbre avec bas-reliefs représentant la colère de Dieu, la construction de l'arche, la fin du déluge et le sacrifice d'actions de grâces de Noé.

ENFANTS QUI SE DISPUTENT UNE TOURTERELLE, groupe en marbre.

(*Vendu.*)

KOPF (Giuseppe)

L'ÉTÉ, statue en marbre.

(1) Extrait du journal *la Patrie*, 3 Avril 1867 :
« Dans la Galerie des Beaux-Arts, l'Empereur s'est arrêté un moment devant le groupe en marbre exposé par M. Luccardi, sculpteur romain, une scène du Déluge, et il a paru se complaire à en examiner les bas-reliefs qu'un rapide coup d'œil nous a fait juger comme fort remarquables. »

MARCELLO (1)

HÉCATE. — La Diane infernale (2).

La déesse, absorbée dans de sombres méditations, semble contempler avec ironie les tragiques destins de l'humanité. Le dogue était consacré à Hécate.

LA MARGUERITE DE GOETHE.

FEMME TRANSTEVERINE.

MÉDUSE.

L'une des trois Gorgones offensa Minerve, qui, pour la punir, changea ses cheveux en serpents et donna à son regard le pouvoir de donner la mort.

BIANCA CAPELLO.

Célèbre empoisonneuse vénitienne du XVIe siècle, qui mourut grande duchesse de Toscane.

ANANKÉ.

Tête symbolique de la Destinée inflexible. Elle porte les attributs indiens de la sagesse, la trompe d'éléphant, les cornes d'Ammon et l'épervier.

MARIE-ANTOINETTE, à Versailles, Dauphine de France.

MARIE-ANTOINETTE, prisonnière à la Conciergerie.

(1) Extrait du *Journal de l'Exposition :*
« ..... Les femmes ont beaucoup peint, elles ont peu sculpté ; il est vrai que la qualité supplée au nombre. La princesse Marie n'était pas indigne de l'époque de Rude, et Mme la duchesse Colonna n'est pas indigne du pays de Vela. »
Voir les comptes rendus de *l'Union, la France, la Liberté, la Patrie, etc.*

(2) La *Diane infernale* a été acquise par S. M. l'Empereur Napoléon.

VOTIERI (VINCENZO)

UNE DANSEUSE ET DES FLEURS. — Figurine en marbre.

FOLEY (Miss MARGUERITE)

MÉDAILLONS EN MARBRE.

LE PROPHETE JEREMIE.

JOSUE.

UNE FEMME DU TRANSTEVÈRE.

UNE FEMME nommée Pascuccia.

UNE FEMME albanaise.

UNE JEUNE FILLE.

M. CHARLES LUMNER. — Portrait.

LE POETE LONGFELLOW. — Portrait.

NELLI (GIUSEPPE)

LA COLONNE TRAJANE, *fac-simile* d'un travail très-fin de 1 mètre 20 de hauteur avec bas-reliefs, en pierre palombine.

GALLI (Le professeur PIETRO)

LE CHRIST MORT, soutenu par un ange.

GUGLIELMI (Luigi)

JEU D'ENFANTS. — Groupe marbre.

GALLETTI (Stefano)

LE PRINTEMPS, Statue d'enfant, en marbre.

BUSTE de femme, en marbre.

(*Vendu.*)

L'ENFANT JESUS endormi, et rêvant de la Croix.

MOISE exposé sur le Nil.

CHOLMELEY (Mme Isabelle)

RAPHAEL jeune (Rafaellino). — Buste en marbre.

PORTRAIT DE LISTZ. — Buste en plâtre, grandeur naturelle.

BOMPIANI (Le Clier Roberto)

LES DERNIERS MOMENTS DE SAPHO. — Statue avec bas-reliefs en marbre.

CUPIDON cherchant une victime.

BIENAIMÉ (Angelo)

LA JEUNE POLONAISE. — Statue en marbre.

Elisabeth, fille de Stanislas Potoski, tient à la main une lettre qui vient de lui être remise par le fils du gouverneur de Tobolsk, à qui elle avait demandé le moyen de se rendre sur les rives de la Néva pour implorer de l'empereur la grâce de son père. Au moment d'ouvrir cette lettre, elle hésite, partagée entre l'inquiétude et l'espérance. Elle est debout, regardant avec amour ses parents, cherchant à découvrir sur leur visage l'effet que leur causera la nouvelle de son audacieuse entreprise.

SOSNOWSKI (Le Clier OSCAR TOMMASO)

LA VIERGE AVEC L'ENFANT JESUS, qui bénit le monde. — Groupe marbre.

DAVID. — Statue marbre.

Aux pieds de David se trouve la tête du géant Goliath, qu'il vient de tuer.

LA VICTOIRE.

POGGI

MOISE, de Michel-Ange. — Réduction en marbre.

SIMONETTI (ACHILLE)

UNE NYMPHE ET L'AMOUR. — (Terre cuite.)

SIMONETTI (LUIGI)

L'AMOUR MATERNEL. — Groupe marbre.

ÈVE.

LES VENDANGES. — Groupe plâtre.

POLIGNY (Mlle Gabrielle de)

Paris, rue Saint-Honoré, 338.

CLORINDE. — Statue en marbre.

Sujet tiré du Tasse.

MELPOMÈNE. — Statue en marbre.

Ces deux statues sont l'œuvre de M. Rinaldi, de Rome.

FREEMAN (Augusta)

VASE de bronze orné de petits Bacchus dansant et autres ornements en relief.

ROSSETTI (Angelo)

L'ESCLAVE au marché. — Statue en marbre de grandeur naturelle avec socle et bas-reliefs en marbre.

L'INNOCENCE.

OPHELIE. — Sujet tiré d'Hamlet.

UNE MARCHANDE. — Statue en marbre représentant une femme qui tient par les ailes un petit Cupidon à vendre, tandis que d'autres sont entassés dans une corbeille.

(*Voir Classe* XIV.)

ADAMS (Giovanni)

LE JOUEUR. — Groupe en marbre de grandeur naturelle.

LA FILLE DE PHARAON. — Buste avec piédestal de marbre..

ANDREI (FERDINANDO)

L'ENFANT ET LE NID. — Statue en marbre.

L'OBOLE DE LA VEUVE. — Groupe en marbre.

(Vendu.)

PALOMBI (PAOLO)

LA NUIT. — Statue en plâtre.

FOCARDI (FILIPPO)

CHRIST EN IVOIRE.

D'un seul morceau d'ivoire, à l'exception des bras et de la draperie.

ESTRADA (DIEGO D')

FIGURE EN IVOIRE représentant la Renommée.

De la main gauche, elle tient le portrait de l'empereur Napoléon III et s'appuie sur un socle de marbre rouge antique.

SENESI (GIOVANNI)

JÉSUS ENFANT. — Sculpture en bois, peinte.

SAVORELLI (PATRIMONIO)

BUSTE en stéarine de S. S. le Pape Pie IX.

Modelé par le commandeur Pietro Ténerani.

BAS-RELIEF représentant la nuit.

Modelé par Thorwaldsen.

THEVENIN (le C^lier CARLO-GIOVANNI)

LE MESSAGE D'AMOUR. — Groupe en cire.

SAULINI (le C^lier LUIGI)

CAMÉES SUR PIERRE DURE.

JUPITER TONNANT. — Camée sur onyx oriental d'une dimension exceptionnelle.

ACHILLE VICTORIEUX traînant le cadavre d'Hector attaché à son char. — Onyx oriental.

JUPITER FOUDROYANT LES GÉANTS.

Copie du camée du musée de Naples.

CAMÉES SUR COQUILLES.

Semélé. — *Bacchus et Apollon.* — *Mercure.* — *Orphée et Eurydice,* d'après le bas-relief de la Villa Albani.

Jupiter en présence des autres divinités foudroyant les Géants.

D'après Benvenuto Cellini.

AUTRES CAMÉES REPRÉSENTANT :

Le jour. — *La nuit.* — *Galathée.* — *Le Triomphe de Bacchus,* d'après le Camée antique du Louvre.

Priam aux pieds d'Achille. — *Le Char du Soleil.* — *La Vierge de Raphaël,* dite la Jardinière. — *Sainte Catherine d'Alexandrie.* — *Jésus bénissant les enfants.* — *Les Heures.* — *Phaéton.* — *L'Amour céleste et l'Amour terrestre.* — *Hébé.* — *L'Aurore.*

PISTRUCCI (Hélène)

CAMÉES.

TÊTE DE MINERVE, en jaspe.

TÊTE D'ARIANE couronnée de lierre, en agate montée en or.

UNE MAIN portant la corne de l'abondance, en sardoine.

PISTRUCCI (Marie-Élise)

CAMÉES.

DUC DE WELLINGTON (Portrait du), en sardoine.

TÊTE D'APOLLON, en agate de Germanie.

TÊTE DE NIOBÉ, en agate.

LANZI (Antonio)

LA SAINTE FAMILLE, d'après Raphaël.

Ce camée, de forme ovale, sculpté dans le cristal de roche, est orné d'un cadre doré avec lapis et jaspe.

Il appartient à Son Em. le cardinal Antonelli.

FRANCATI & SANTA MARIA

Londres, Halton-Garden, 75.

CAMÉES SUR COQUILLES.

PASCOLI (Domenico)

CAMÉES COQUILLES.

LE PRINTEMPS (d'une grandeur exceptionnelle).

L'AUTOMNE.

UNE BACCHANTE. (*Vendu.*)

GIRAUD (Son Exc. Mgr)

Président des ateliers de mosaïque du Vatican.

LE COURONNEMENT DE LA VIERGE.

Partie supérieure d'un grand tableau en mosaïque, représentant le Couronnement de la sainte Vierge.

Cette mosaïque a été exécutée d'après le tableau original de Raphaël qui existe dans le pinacothèque du Vatican. Elle doit être placée dans la basilique restaurée de Saint-Paul. Elle se trouve dans l'état où l'a laissée la main du mosaïste; il lui manque encore l'action de la roue, l'enduit de stuc et le polissage.

SAINT PIERRE PLEURANT.

D'après le tableau original de Guido Reni.

A la différence du tableau du Couronnement, celui de S. Pierre présente un travail achevé.

LA VIERGE A LA CHAISE.

D'après le tableau de Raphaël qui existe dans la galerie de Florence.

LA SAINTE VIERGE ET L'ENFANT JÉSUS, de Sasso Ferrato.

D'après le tableau de Guido Reni.

TABLEAU DE FLEURS. — En émail filé.

VUE DU TEMPLE DE VESTA, à Tivoli.

Ces ouvrages en mosaïque, et particulièrement le tableau du Couronnement, ont été exécutés avec beaucoup d'art par les ouvriers de la fabrique du Vatican, où l'établissement d'un fourneau à feu continu fournit tous les éléments nécessaires à la gradation des teintes.

ROSSI (FRANCESCO)

TABLEAUX EN MOSAÏQUE :

LA PLACE DE SAINT-PIERRE à Rome.

LE PANTHEON.

RUBICONDI (EUGENIO)

TABLE EN MOSAIQUE représentant une Bacchante.

PIGNOTTI (LUIGI-LÉONNINI)

UNE DECLARATION D'AMOUR. — Tableau en mosaïque.

FERRARI (Son Exc. Mgr)

Trésorier général, Ministre des finances.

COLLECTION DE CINQUANTE MEDAILLES, frappées en bronze à l'hôtel de la Monnaie pontificale de Rome, sous la direction de M. le Commandeur Mazio, et choisies parmi les plus beaux coins ciselés par différents artistes pendant l'espace de quatre cents ans; depuis le pontificat de Martin V (Columna) jusqu'au pontificat de Sa Sainteté le pape Pie IX.

PREMIER GROUPE. — CLASSE Ve.

GRAVURES ET LITHOGRAPHIES

GUYON (Mlle Emma)

UN MARIAGE A HERCULANUM. — Fac-simile d'un dessin à la plume, d'après le tableau de M. Poggi. — Gravure sur bois.

CERONI (Luigi)

Paris, rue Burcq, 10.

PORTRAIT DE S. S. PIE IX.

ECCE HOMO, d'après Guido Reni.

PORTRAIT DE BOSSUET, d'après Rigaud.

PORTRAIT DU R. P. FELIX, d'après le dessin de M. David.

GALATHÉE, d'après Raphaël.

Huit portraits.

Quarante-huit portraits d'après les émaux de Petitot.

MANCION (PIETRO)

GRAVURE SUR CUIVRE.

LA SAINTE VIERGE, L'ENFANT JESUS ET SAINTE CATHERINE. — D'après le tableau du Titien.

PORTRAIT DE SANSOVINO. — D'après l'original qui existe à Florence.

PORTRAIT DE BRIGLIA. — D'après l'original.

LE JUGEMENT DE SALOMON. — D'après les fresques de Raphaël au Vatican.

ROSSI (le Clier MICHELE STEFANO DE)

Directeur de la Chromolithographie pontificale.

CHROMO-LITHOGRAPHIE. — Planches représentant la Basilique de Saint-Laurent hors-des-Murs, restaurée par S. S. le pape Pie IX.

LA CHAIRE DE L'EVANGILE dans la Basilique de Saint-Laurent. — Elle est revêtue de porphyre serpentin, d'autres marbres et de mosaïques. — Travail du XIIe siècle.

GALERIE qui règne au-dessus du northex de la Basilique Constantinienne, avec les colonnes placées au VIe siècle et des fresques du XIIe siècle, représentant des Archanges et des Séraphins.

AURELI (LUIGI)

LES FIANÇAILLES DE LA VIERGE. — Gravure sur cuivre avant la lettre, d'après le tableau de Raphaël.

LA VIERGE DITE LA BELLE JARDINIÈRE. — Gravure d'après Raphaël.

CALCOGRAPHIE CAMERALE.

Gravures sur cuivre récemment publiées par les soins de la Révérende Chambre apostolique.

Portefeuille n° 1.

Bataille de Constantin, d'après la fresque de Raphaël.
La Cène, de Léonard de Vinci.
Incendie de Borgo, de Raphaël.
Apparition de la Croix, *idem.*
Sibylle.
Couronnement de la Madone de Monte Luce.
L'Annonciation, de Guido.
La Madone avec S. Jérôme et S. Jacques, de Guido.
La Crèche, de Francia.
La Crèche, de Garofolo.
Madone à la Chaise, *idem.* des Candélabres; de Raphaël.
Saint Romuald, d'André Sacchi.
Madone sur son trône, environnée des saints, du Pérugin.
Athalie, de Camuccini.
Madone du Rosaire, de Sasso-Ferrato.
Globes dans la voûte du Vatican, de Pierre Pérugin.
Moulin, de Claude Lorrain.
L'Orage, du Poussin.
Fuite en Egypte, de Claude Lorrain.
Pont de la Riccia.
Lapins à Tivoli.

Portefeuille n° 2.

La Déposition, d'après Van-Dyck.
La Déposition, d'après Caravaggio.
Modestie et Vanité, d'après Léonard de Vinci.
L'Enfant prodigue, de Barbieri.
La sainte Famille, de Sasso-Ferrato.
Saint Sébastien, de Barbieri.
Décrétales de Grégoire IX, d'après Raphaël.
Code Justinien et Trébonien, *idem.*
Apollon et Marsyas, *idem.*
Jugement de Salomon, *idem.*
Adam et Eve, *idem.*
La Résurrection, d'après Pérugin.

GRAVURES SUR CUIVRE DU MISSEL ROMAIN.

Le Crucifix, de Guido.
La Présentation au Temple, de Raphaël.
L'Epiphanie, *idem.*
La Cène, *idem.*
La Résurrection, *idem.*
L'Assomption, *idem.*
Saint Pierre et saint Paul, *idem.*

THEVENIN (le C^lier^ CARLO-GIOVANNI)

SUZANNE AU BAIN, d'après le Corrége.

Le tableau original se trouve au château de Rosenstein, et appartient à S. M. le Roi de Wurtemberg.

L'ENFANT CHARITABLE, d'après Ary Scheffer.

Epreuve de choix sur papier de Chine.

LA MADONE A LA CROIX, d'après Raphaël, sur papier de Chine.

*LES ENFANTS DE CHARLES Ier*, Roi d'Angleterre, d'après le tableau de Van-Dyck conservé au musée de Turin, (avant la lettre, sur papier de Chine).

S. M. MARIE-CHRISTINE DE SAVOIE, Reine des Deux-Siciles.

PORTRAIT DE ROSSINI, d'après Ary Scheffer.

SUZANNE AU BAIN. — Aquarelle.

DEUXIEME GROUPE. — CLASSE VIe.

MATÉRIEL
ET
APPLICATION DES ARTS LIBERAUX

PRODUITS D'IMPRIMERIE ET DE LIBRAIRIE

MARIETTI (le C^lier PIETRO)

Administrateur de la Typographie polyglotte de la Propagande.

Fac-simile du très-ancien *CODE DE LA BIBLE* existant au Vatican.

Cet exemplaire contient tout l'Évangile de S. Mathieu, avec la reproduction fidèle de l'écriture primitive du code. On a exposé deux copies, l'une sur beau parchemin, l'autre sur papier fabriqué expressément par M. Pietro Miliani, de Fabriano.

SEPT VERSETS du Deutéronome reproduits en trente langues différentes.

Ce travail fut exécuté à l'occasion d'une visite de Sa Sainteté aux ateliers de la typographie de la Propagande.

FERRARI (S. E. Monseigneur)

Ministre des Finances.

OUVRAGES DE LA CALCOGRAPHIE CAMERALE.

(Plusieurs de ces ouvrages sont mixtes de texte et de gravure.)

Musée Chiaramonti, trois volumes.

Etrurie maritime, par le chevalier Canina, quatre volumes.

Ornements grecs, romains et autres, du XVe siècle.

Peintures de divers auteurs dans la chapelle Sixtine.

Ornements de la grille et de la tribune de la chapelle Sixtine, au Vatican.

Chapelle de Nicolas V, au Vatican.

Plafonds des loges vaticanes, de Jean d'Udine et de Zuccheri.

Vignole nouvellement corrigé.

Œuvres inédites de Barthélemy Pinelli. Histoire grecque et costumes romains, deux volumes.

Sacro Speco, de Subiaco.

Descodet. — Antiquités de Rome.

GARRUCCI (le R. P. RAFFAELE)

LE MUSEE DE LATRAN. — Ouvrage illustré en deux volumes.

ANGELINI (le Clier ANNIBALE)

Professeur titulaire à l'Académie de Saint-Luc.

TRAITÉ théorique et pratique de Perspective.

Deux volumes, dont l'un contient 34 planches gravées.

(*Voir Classe 1re.*)

FONTANA (GIACOMO)

Architecte.

ILLUSTRATIONS des églises de Rome et des faubourgs. — Deux volumes.

L'ART d'apprendre la Perspective. — Deux volumes.

FERRARI (NICOLAS)

SPECIMEN DE CALLIGRAPHIE.

(*Voir Classe* IIe.)

DEUXIEME GROUPE. — CLASSE VIIIe.

APPLICATION DU DESSIN

ET DE LA PLASTIQUE

AUX ARTS USUELS

RUSPI (HERCULE)

FRESQUE détachée d'un mur.

Echantillon exposé dans le but de faire connaître le procédé nouveau employé pour l'exécution de ce travail.

*DEUXIÈME GROUPE. — CLASSE IX*e.

ÉPREUVES

ET

APPAREILS DE PHOTOGRAPHIE

DOVIZIELLI (Pietro)

Seul Photographe autorisé pour la reproduction des peintures des loges du Vatican et des peintures de Raphaël, à la Farnésina.

PHOTOGRAPHIES DES LOGES DU VATICAN.

AURORE, de Guido Reni.

TROIS PHOTOGRAPHIES DES PEINTURES DE LA FARNÉSINA.

SIXTE IV, d'après Raphaël.

GRANDE PHOTOGRAPHIE DU COLYSÉE.

Idem. *DU FORUM.*

ALTOBELLI (Joachimo)

PLANCHES PHOTOGRAPHIQUES représentant les monuments de Rome, d'après un nouveau système breveté par le Gouvernement Pontifical.

OLIVIERI (Leonardo)

ALBUM des vues principales de Rome. — Belle reliure en cuir et soie.

Cet Album contient une collection remarquable et très-complète des monuments et des vues de Rome.

DEUXIÈME GROUPE. — CLASSE Xe.

INSTRUMENTS DE MUSIQUE

BERTI (Pietro)

CORDES HARMONIQUES. — Chanterelles.

PETRONI (Antonio)

UNE MANDOLINE d'ébène.

UN VIOLON d'ébène.

Ces deux instruments portent des incrustations de nacre de perle, d'un travail nouveau.

DEUXIÈME GROUPE. — CLASSE XIe.

APPAREILS DE L'ART MEDICAL

AURELI (Marco)

INSTRUMENTS DE VETERINAIRE servant à la cautérisation.

DEUXIEME GROUPE. — CLASSE XIIe.

INSTRUMENTS DE PRECISION

ET

MATÉRIEL DE L'ENSEIGNEMENT DES SCIENCES

SECCHI (le R. P. Ange) (1)

Directeur de l'Observatoire du Collége romain.

METEOROGRAPHE.

Ce météorographe est une machine destinée à enregistrer tous les phénomènes météorologiques, c'est-à-dire la température de l'air, la pression, l'humidité, la force du vent, sa direction, la pluie. C'est donc un observatoire météorologique complet.

La machine est formée d'un soubassement en acajou, surmonté de quatre colonnes carrées et couronnées par une grande horloge qui est destinée à régler tous les mouvements de l'instrument et la marche des deux tableaux sur lesquels s'enregistrent les observations, sous la forme de courbes très-saisissables et très-intelligibles aux moins instruits. La machine exposée n'est qu'une reproduction de celle du Collége Romaïn, qui est en activité depuis huit ans.

La température est enregistrée dans le tableau du côté de l'horloge, à chaque quart d'heure, par un chariot qui porte un télégraphe électrique et fait un point sur ce tableau qui représente la hauteur d'un thermomètre à mercure avec lequel il est en relation. Le chariot est entraîné à chaque quart d'heure par un levier mu par l'horloge, et fait plonger un fil de platine dans un thermomètre; au moment du contact,

(1) Voir les comptes rendus de *l'Union* du 12 février, de *la France,* de *la Mode,* etc.

la fermeture du circuit électrique marque par le télégraphe la hauteur du thermomètre sur le tableau.

L'humidité est enregistrée de la même manière à l'aide d'un autre thermomètre maintenu humide et dont la hauteur est marquée par un point sur la même ligne que le thermomètre sec. La différence des deux thermomètres donne l'humidité.

Les courbes de cet instrument sont très-belles et très-nettes.

La pression atmosphérique est enregistrée par le baromètre à balance, invention spéciale du P. Secchi. Un gros tube barométique en fer est suspendu à un bras de levier très-solide ; l'axe de ce levier peut tourner sur des couteaux tranchants et porte à ses deux extrémités deux systèmes de barres qui constituent des parallélogrammes de Watt au milieu desquels sont les crayons inscripteurs.

Les courbes barométiques sont inscrites ainsi sur les deux tableaux de la machine à la fois. La sensibilité de l'appareil est telle que les variations du baromètre ordinaire y sont grandies presque quatre fois.

La direction du vent est donnée par la girouette et l'enregistrement se fait par le télégraphe. Quatre télégraphes sont fixés sur la machine du côté opposé à l'horloge ; ils fonctionnent séparément, selon la direction des quatre vents principaux qui soufflent actuellement. Le télégraphe, qui est en communication avec le rhumb du vent soufflant, fait osciller une tige et laisse une trace de crayon sur la colonne correspondante du tableau. Cette oscillation s'obtient par l'interruption du courant, produite par le moulinet même qui mesure la vitessse du vent.

Cette vitesse est donnée par le nombre des tours du moulinet connu sous le nom de *Robinson* et qui est formé de quatre hémisphères fixés aux extrémités de quatre bras d'une croix. La girouette et le moulinet sont placés sur la tour de la maison n° 40 de l'avenue de Suffren, en dehors du champ de Mars, et communiquent à l'intérieur avec la machine par un câble télégraphique de 300 mètres de long. Sur le sommet de la machine, derrière l'horloge, sont les compteurs électriques qui sont destinés à enregistrer le nombre des tours du moulinet. Chaque tour est calculé de manière qu'il est équivalent à 10 mètres d'espace parcouru par le vent. Les compteurs donnent ainsi la vitesse du vent. Celui de la droite somme les vents du nord; l'autre de la gauche, ceux du sud, et le central, ceux de toutes les directions indifféremment.

Le compteur central sert encore à enregistrer la vitesse du vent sur le tableau. Une poulie, fixée au troisième arbre du compteur, entraîne une chaîne qui est reliée à un crayon porté par un parallélogramme de Watt ; ce crayon trace une ligne sur le tableau, plus ou moins longue, selon la vitesse du vent pendant une heure. A la fin de l'heure, le crayon revient sur ses pas par l'action d'un levier de l'horloge qui agit sur le compteur. Ainsi, on a autant de lignes que d'heures, et leurs longueurs sont proportionnelles à la vitesse du vent.

La température, dans le même tableau, est indiquée par un thermomètre métallique. Ce thermomètre est formé par un simple fil de cuivre, dont l'expansion ou la contraction agissant sur un des leviers fait mouvoir le crayon de l'appareil. Ce thermomètre peut se rendre à volonté plus ou moins sensible; mais, pour avoir la valeur absolue de ses indications, il faut y joindre la comparaison d'un instrument ordinaire étalon; cette comparaison, une fois faite, suffit pour toujours.

La pluie est enregistrée en temps et quantité. L'heure de la pluie est indiquée sur les deux tableaux par deux télégraphes qui oscillent à l'heure où la pluie tombe d'une gouttière sur un petit appareil hydraulique. La quantité est mesurée directement dans un réservoir qui la rassemble au moyen d'un entonnoir spécial, dont le diamètre est quatre fois plus grand. La pluie ainsi amassée fait monter un flotteur dans le réservoir qui porte une tige et un indicateur qui parcourt une règle graduée. Dans le même temps, le flotteur fait tourner une roue garnie de papier sur laquelle un crayon, en s'appuyant, marque un arc de cercle proportionnel à la quantité de pluie tombée. Un tube intérieur sert à décharger le réservoir lorsqu'il est rempli.

Le P. Secchi a mis ce système en usage depuis huit ans dans son observatoire du Collége Romain et a déjà commencé une publication de ses registres, qui, de l'avis des membres du jury, a été jugée la plus favorable aux progrès de la science.

Un grand prix a été décerné par le jury au P. Secchi pour ces inventions.

ALTIERI (S. E. le Cardinal Prince)

Archichancelier de l'Université romaine.

UN COMPAS GONIOMETRIQUE de M. le Professeur chevalier Vincenzo Diorio.

Provient du Musée de zoologie de l'Université romaine, dirigé par l'auteur de cet instrument.

EMBRIACO (le R. P.)

De l'Ordre des Frères Prêcheurs.

PENDULE A REGULATEUR ISOLÉ.

Le régulateur de cette horloge est non-seulement libre, mais encore parfaitement isolé de l'influence de la force motrice, de sorte qu'il conserve toujours un parfait isochronisme. Il est maintenu en mouvement par une sorte de levier qui, chargé d'abord de la roue d'échappement, est ensuite rendu libre et lui donne une impulsion toujours constante. Sous ce levier se trouve une pièce de forme à peu près cylindrique sur laquelle repose la roue d'échappement, et cette pièce est avec le levier dans des rapports tels qu'elle offre la plus grande sécurité. Il suffit de regarder les pièces en fonctions pour se convaincre que chaque fois que le levier se lève, le cylindre placé au-dessous doit nécessairement se fermer et arrêter la roue, et qu'il ne peut s'ouvrir pour la laisser libre qu'après que le levier lui-même s'est levé.

L'exécution matérielle de cette horloge ne doit pas attirer l'attention; le père Embriaro n'a exposé qu'un modèle, et non un travail achevé.

HORLOGE HYDRAULIQUE.

Dans cette horloge, l'eau fait l'office de moteur. Introduite continuellement dans un réservoir où elle est maintenue à un niveau constant, elle se déverse par une petite ouverture de quelques millimètres et tombe d'une faible hauteur sur un batelet divisé en deux compartiments égaux et soudés à angle droit sur l'axe de la tige qui pousse le pendule. Quand le pendule a perdu la position verticale et commence à osciller, le batelet porte successivement ses deux compartiments sous l'orifice du réservoir, de sorte que, pendant que l'un s'abaisse par la charge de l'eau, l'autre s'élève. Cette alternative engendre le mouvement qui perpétue l'oscillation du pendule, et le pendule à son tour règle la vitesse du mouvement. En même temps, l'eau qui se déverse à chaque oscillation du pendule tombe sur un second batelet, et le fait osciller isochroniquement avec le pendule. Ce second batelet, au moyen d'un levier soudé sur son axe, transmet le mouvement à la première roue qui fournit l'indication des secondes; de cette roue le mouvement est transmis à une autre roue qui donne l'indication des minutes, et enfin à celle qui indique les heures.

Le transport du mouvement se fait sans engrenage et au moyen de simples leviers.

CHRONOMÈTRE A RÉGULATEUR ISOLÉ.

Cet échappement a été inventé dès 1859 par le père Embriaco, qui en 1860 présenta ce travail à l'Académie Pontificale et en reçut des félicitations et des encouragements.

Cet échappement à régulateur isolé a beaucoup d'analogie avec celui qui a été décrit ci-dessus; il en diffère cependant en ce que la dernière roue est plus simple, et que le balancier est maintenu en oscillation par un ressort à double flexion, lequel ressort agit sur le balancier sans autres pièces accessoires, mais en vertu de sa double élasticité.

ROSSI (VINCENZO DE)

Capitaine du génie pontifical.

UNE MACHINE appelée *PLUVIOMETROGRAPHE.*

Cet instrument, destiné à fournir à la science hydraulique, à l'agriculture, à la météorologie, l'indication des quantités d'eau tombées, repose sur une idée très-simple.

Il suffit de faire flotter sur l'eau recueillie dans le pluviomètre ordinaire un corps qui, en s'élevant, puisse transmettre, par l'intermédiaire d'un fil de soie écrue et non tordue, un mouvement vertical à un crayon; et de faire agir d'un mouvement égal, devant ce crayon, au moyen d'un mécanisme d'horloge, une feuille de papier sur laquelle la pointe du crayon tracera une ligne dont les abcisses seront proportionnelles à la durée et à la quantité de la pluie.

Une seconde idée aussi simple a prévenu l'obstacle qui résulterait de pluies torrentielles tombant dans un laps trop court pour que l'appareil, grâce à sa lenteur relative, puisse les constater.

Il suffit de recueillir l'eau tombée par un entonnoir d'une section connue dans un réservoir d'une section sous-multiple, de manière que les mouvements du corps flottant et du crayon deviennent des multiples de la pluie. Le modèle représente à l'échelle de 1/10e un pluviomètrographe fondé sur les deux idées sus-énoncées.

ROSSI (Clier MICHELE STEFANO DE)

PARTIE DU PLAN ARCHEOLOGIQUE et géologique de la zone suburbaine des cimetières.

Ce tableau représente les monuments chrétiens, profanes, ou juifs, qui existent soit à la surface, soit sous terre. Le mouvement des terrains est dessiné par sections horizontales ainsi que les diverses formations géologiques dont les couches produisent les collines et les vallées; on y voit d'un coup d'œil la corrélation ou la différence qui unit ou sépare les monuments souterrains et ceux élevés à la superficie. La forme et la qualité des terrains permettent d'apprécier leur destination funéraire, elles font pressentir les limites de ces tombeaux et les font souvent distinguer des carrières de pouzzolane. Ce qui ajoute à la clarté de cette démonstration, c'est la coupe verticale de cette région prise le long de la voie Appienne et comparée au niveau de la mer.

MACHINES ICHNOGRAPHIQUES ET ORTHOGRAPHIQUES.

Ces trois machines ont servi aux travaux topographiques des catacombes Romaines. La première portant la lettre A, déjà récompensée à l'exposition de Londres en 1862, est destinée à relever les plans et les niveaux d'une manière exacte et facile dans les souterrains obscurs et étroits. Ce petit appareil portatif mesure et détermine les angles, dessine sur le papier le plan réduit en même temps qu'il enregistre les déclivités du sol.

La machine portant la lettre B est fondée sur le même principe et atteint le même but, mais avec encore plus de simplicité et de rapidité.

La troisième machine est un châssis mécanique et portatif sur lequel s'étend la feuille de papier qui doit recevoir le dessin des coupes sur une grande échelle. Elle sert dans les catacombes à prendre exactement la forme, les dimensions, les dispositions des sépulcres ou des peintures; elle agit au moyen d'un mécanisme et de mesures métriques dont la combinaison guide si exactement la main du dessinateur qu'il n'a pas même besoin de regarder son travail.

PLAN ET SECTION DES CATACOMBES DE ROME obtenus avec les nouvelles machines ichnographiques et orthographiques.

PLAN DU CIMETIÈRE DE CALIXTE sous la voie Appienne. Déjà récompensé à l'Exposition de Dublin en 1865, et maintenant augmenté de portions nouvellement découvertes.

PLAN DU CIMETIÈRE DES SS. NEREE, ACHILLEE ET DOMITILLE.

Ce plan, déjà tracé par Bosio, a été entièrement refait par l'exposant, suivant sa nouvelle méthode. Ce tableau contient un échantillon du travail de l'appareil destiné à reproduire en grand, des sections.

SERRA-CARPI (l'Ingénieur Giuseppe)

PENDULE servant à déterminer les poids spécifiques.

DEUXIÈME GROUPE. — CLASSE XIIIe.

CARTES ET APPAREILS DE GEOGRAPHIE
ET DE COSMOGRAPHIE

PONZI (le C^{lier} GIUSEPPE)

Professeur à l'Université romaine.

CARTES GEOLOGIQUES de l'Italie centrale.

CARTE GEOLOGIQUE pour servir à l'histoire naturelle de l'Italie.

HYDROGRAPHIE de la période pliocène.

HYDROGRAPHIE de la période des volcans sous-marins.

COUPE GEOLOGIQUE.

TABLEAU GEOLOGIQUE de l'Italie centrale.

CARTE détaillée des monts de Tolfa et d'Allumière.

CARTE des volcans du Latium.

BOFONDI (S. E. Mgr le Cardinal Prince)

Président du Cens. — Protecteur de l'Institut de Géodésie, dirigé par M. l'abbé D. Antonio Marucchi.

PARTIE DU PLAN ALTIMETRIQUE DE ROME

mesuré et modelé par MM. Desideri, Sanguinetti, Taliani, sous la direction du R. D. Antonio Marucchi.

Ce plan en relief reproduit la partie de Rome où se trouvent les sept collines; deux de ces collines, le Palatin et le Capitolin, sont entièrement représentées. Sur la première on a indiqué les fouilles qui ont été pratiquées au sud par S. S. le Pape Pie IX, et celles qui ont été exécutées au nord par les ordres de S. M. l'empereur Napoléon III. Ce plan ne comprend qu'environ la huitième partie de Rome ; les jeunes gens ci-dessus désignés n'ayant pu exécuter ce travail que pendant les mois de vacances; c'est pour ce motif qu'ils se sont bornés à la partie la plus intéressante de Rome.

TROISIÈME GROUPE.— CLASSES XIVe et XVe réunies.

MEUBLES ET AUTRES OBJETS

DESTINÉS A L'HABITATION.

MEUBLES DE LUXE

BALDINI (Son Exc. M. le Baron)

Ministre du Commerce, des Beaux-Arts et des Travaux publics
Commandeur de l'Ordre de St-Grégoire le Grand.

TABLE en marbre portant une collection de pierres antiques trouvées dans les fouilles ordonnées par Sa Sainteté dans les ruines du palais impérial du mont Palatin.

Les pierres antiques sont enchâssées dans un disque de marbre noir ancien; le pied de la table se compose d'une colonne conique cannelée et ornée de guirlandes entrelacées. Au milieu de la table se trouvent, reproduites en mosaïques de diverses couleurs, les armes de S. S. le Pape Pie IX.

Cent vingt espèces de marbres ont concouru à la construction de cette table, qui a été dirigée par le marbrier Pietro Martinori.

ROSETTI (ANGELO)

CHEMINEE en marbre de Carrare, avec sculptures allégoriques représentant le bonheur domestique, les beaux-arts, et la modestie.

FONTAINE en marbre, dont le socle est formé de deux enfants qui jouent avec une chèvre et qui portent une corbeille de raisins.

(*Voir Classe* IIIe.)

GATTI (le Clier GIOVANNI-BATTISTA)

UN RICHE CABINET en ébène incrusté d'ivoire, gravé et orné d'arabesques, d'après des dessins du XVe siècle. A l'intérieur se trouve une statuette en ivoire représentant Michel-Ange. Ce meuble appartient au baron de Montbrison.

DEUX AUTRES CABINETS du même style.

(Vendus.)

DESSUS DE TABLE avec incrustation d'ivoire et de nacre.

(Vendu.)

UNE TABLE avec son pied, du même modèle, et portant les armoiries du prince Galitzin à qui elle appartient.

CADRE en ébène incrusté, renfermant un bas-relief en ivoire qui représente la sainte Famille.

(Vendu.)

AUTRE CADRE en ébène incrusté.

D'AUBERVILLE (Mme la Comtesse)

TABLE en mosaïque. — La décoration de cette table se compose d'une guirlande de fleurs d'un travail exquis.

MASINI (Pietro)

TENTURES et broderies de soie.

(Appartiennent à Mme la duchesse de Castiglione Colonna.)

MARTINORI (Pietro)

TABLE en marbre.

Cette table est composée de cent vingt espèces de marbres rares, assemblés dans des compartiments en spirales.

RIGHETTI (le Clier Pietro)

TOPAZE. — *Jac-simile*, du poids de 12 livres romaines, avec pied de marbre et bronze, doré et argenté.

RAINALDI (Girolamo)

COUPE d'albâtre oriental.

Le pied de cette coupe est également en albâtre, les anses sont en métal doré, ornées de riches ciselures.

COUPE en marbre gris antique.

Copie de celle qui existe au Musée du Vatican.

COUPE en albâtre avec pied de marbre rouge antique. *Jac-simile* de trois monuments du Forum en marbre rouge antique.

Même travail en marbre jaune antique.

DEUX COLONNES en marbre rouge antique (colonne Trajane et colonne Antonine.)

COLONNE de Sainte-Marie Majeure.

CIANCIARELLI

MONUMENTS DE ROME. Fac-simile en différents marbres antiques, rouges et jaunes.

Objets divers d'ameublement en marbre et en mosaïque.

GENTILI (Eracleto)

Directeur de la Fabrique de Tapis de l'hospice de Saint-Michel.

PORTIÈRE avec les armoiries de la famille Grazioli.

TAPIS TURCS.

TAPIS DE PERSE.

CASINI (Giuseppe)

BUREAU A ECRIRE, mécanique, en racine de noyer. L'intérieur du meuble en cerisier.

La tablette sur laquelle on écrit est légèrement en pente. Il y a quatre tiroirs intérieurs avec boutons. On a, par un moyen ingénieux et nouveau, obtenu le vide nécessaire pour que les genoux trouvent leur place.

POGGI (Mme)

TABLES en marbre blanc avec mosaïque à la manière florentine.

FOYER DE CHEMINEE en cailloux de la Seine.

(*Voir Classe* XXXVIe.)

VESPIGNANI (RAFFAELE)

CADRE en ébène avec sculpture en ivoire.

COFFRET en noyer sculpté.

CADRE en ébène sculpté.

PLACIDI (GIUSEPPE)

CADRE de miroir, en bois sculpté.

Le centre de ce cadre présente un octogone prolongé de deux côtés, décoré de palmes entrelacées, de fleurs et d'animaux fantastiques. L'artiste a donné à son travail l'apparence de la porcelaine, afin de le rendre plus original et pour qu'il produisît plus d'effet à la lumière.

BARBERI (Cdeur MICHELE ANGELO)

CHEMINEE EN MARBRE BLANC avec bas-relief, et décoration en mosaïque (dessins d'après les Loges de Raphaël.)

TABLE RONDE EN MARBRE et mosaïque représentant des points de vue de la ville à différentes heures de la journée.

QUATRE ECHANTILLONS de mosaïques représentant une Bacchante, la cathédrale de Milan, la place de Saint-Pierre, la place Ducale à Florence.

MOSAIQUE représentant l'Italie.

CINQ PRESSE-PAPIERS en mosaïque.

GUERIDON en mosaïque (style de Pompéi.)

ROSSIGNANI (GIOVANNI)

TABLE en verres étrusques.

(*Voir à la section d'Archéologie*, p. 7).

TROISIÈME GROUPE. — CLASSE XXVe.

PARFUMERIE

PALANCA (Giovanni Battista)

BOITE DE PARFUMERIE.

Cette boîte richement ornée contient des flacons d'extraits divers, des pommades assorties, des cosmétiques et des savons de toilette de différentes qualités.

QUATRIEME GROUPE. — CLASSE XXXIIe.

VETEMENTS ET AUTRES OBJETS

PORTÉS PAR LA PERSONNE

CHALES

STEFONI (Pascal)

CHALE de soie, carré et cordonné.

ECHARPE de soie et ceinture avec franges.

CRAVATES de soie.

QUATRIÈME GROUPE — CLASSE XXXIIIe.

DENTELLES, TULLES ET BRODERIES

WITTEN (Son Exc. Mgr LUIGI ANTONIO DE)

Ministre de l'Intérieur à Rome.

MODÈLES de travaux en dentelles exécutés par les détenues dans le pénitencier des Thermes de Dioclétien :

UN MOUCHOIR de dentelle antique.

UNE COIFFE semblable.

UN MOUCHOIR en application de Bruxelles.

UNE COIFFE semblable.

COL ET MANCHETTES de guipures.

MOUCHOIR de batiste brodé.

UN ECHANTILLON de dentelle antique de 50 cent.

UN ECHANTILLON de dentelle de guipure blanche.

FERRARESI (MARIANNE)

MOUCHOIR de batiste richement brodé.

QUATRIÈME GROUPE. — CLASSE XXXVe.

HABILLEMENTS DES DEUX SEXES

DAMIANI (PAOLO)

JRAC de livrée.

Fabrication nouvelle par le travail et la coupe ; les boutons portent la devise de Romulus et Remus.

CUGGIANI (SERAFINO)

COCARDES en cuir.

ANTINUCCI (SEVERINO)

CHAUSSURES pour hommes et pour femmes.

QUATRIEME GROUPE. — CLASSE XXXVIe.

JOAILLERIE ET BIJOUTERIE

CIPRIANI (Giovanni)

CROIX D'EVÊQUE, en or, de style byzantin, émaillée de différentes couleurs et ornée de six médaillons symboliques représentant la Foi, l'Espérance, la Charité, et Dieu principe et fin.

Au revers de ces médaillons se trouvent des glaces qui permettent d'y placer des reliques.

BARBERI (Domizio)

Paris, rue Albouy, 9.

BIJOUX en mosaïque, d'un modèle nouveau.

COTROFIANO (Mme la D[esse] de)

Paris, rue Madame, 10.

PARURE ancienne d'un travail très-remarquable, ornée de pierres précieuses de la plus belle qualité.

(*A vendre.*)

POGGI (Mme)

Paris, boulevard Montparnasse, 61.

BIJOUX en mosaïque.

(*Voir Classe* XVe.)

GERALDINI (Eugenio)

Paris, rue Saint-Martin, 259.

COFFRETS ET BIJOUX en malachite, mosaïques, camée, corail.

DORELLI (Jean)

PARURE de perles, composée d'une boucle avec grandes perles et pendants semblables. Le tout monté en or avec une garniture d'émeraudes et de roses de Hollande.

SCIEVES (Giovanni et Gaetano)

BRACELET.

Ce bracelet symbolise Rome, reine du monde au temps d'Auguste; à la tête de la civilisation sous Justinien et de la foi chrétienne depuis Pierre. Ce bracelet est monté en or et argent, de style ancien, à l'imitation de ceux qu'on accordait comme insignes aux guerriers les plus distingués. Sur une ceinture d'argent oxydé et d'or ciselé on a gravé cette inscription : *Roma, caput mundi.* Trois bossettes renferment des médailles d'or de différentes époques, entourées d'une couronne de laurier. A côté de chacune de ces médailles sont placés des faisceaux consulaires avec leurs attributs.

ESTRADA (Diego d')

PARURE composée de camées, de cornalines, de malachites, et richement montée en or.

BRACELET, fermoir et bossettes de fines mosaïques de style byzantin.

Sur le bracelet sont représentées les quatre saisons de Raphaël; sur le fermoir, la Paix.

AUTRES PARURES avec camées sur pierres dures, mosaïques de style byzantin représentant des personnages portant le costume des environs de Rome.

BIJOUX de style étrusque.

GRANDI (BENEDETTO)

CAMÉES sur onyx.

(*Voir à l'Archéologie*, p. 8.)

Mme GIROMETTI ET M. TRÉMANT

CAMÉES de Girometti.

(*Voir à l'Archéologie*, p. 12.)

QUATRIEME GROUPE. — CLASSE XXXVII.

ARMES PORTATIVES

OSSI (VINCENZO)

CARABINE d'un nouveau système.

L'arme se compose de huit canons rayés et projette quatre balles à chaque coup.

Cette carabine est principalement utile pour la chasse de l'ours et du sanglier.

(*La carabine et le droit de fabrication sont à vendre.*)

TONI (TOMMASO)

FUSIL à deux canons.

Le système de ce fusil a été inventé par l'exposant.

ÉCRIN DE FUSIL en palissandre et ses accessoires.

CANCANI (Giovanni Battista)

MUNITIONS de chasse.

Echantillons de 18 qualités différentes de plomb de chasse.

CINQUIEME GROUPE. — CLASSE XL.

PRODUITS (BRUTS ET OUVRÉS)

DES INDUSTRIES EXTRACTIVES

PRODUITS DE L'EXPLOITATION

DES MINES ET DE LA MÉTALLURGIE

FRATONI (les Frères)

BOUILLOIRE en cuivre d'un seul morceau, étirée au marteau.

CASSEROLES.

UNE GRANDE BASSINE en cuivre.

ALTIERI (S. E. le Cardinal Prince)

Archichancelier de l'Université Romaine.

COLLECTION de 37 sortes de marbres décoratifs.

Cette collection provient du musée géologique et minéralogique de l'Université Romaine, dirigé par le professeur Chevalier Giuseppe Ponzi.

COLACICCI (Henri)

BRECHES DES CARRIERES DE COVI. — Echantillons de deux sortes différentes, l'une verte, l'autre dite coralline.

FERRARI (Son Exc. Mgr)

ECHANTILLONS D'ALUN provenant de l'établissement caméral des alunières de Tolfa.

(*Voir Classe* IIIe.)

FERRARESI (SANTE)

BOUILLOIRE en cuivre avec couvercle.

CAFETIERES ET VASES de cuivre avec pieds mobiles.

BAIN-MARIE avec couvercle.

JER pour confectionner des pâtes allemandes.

EPROUVETTES de différentes espèces.

JERS A REPASSER, et autres ouvrages en cuivre et en laiton.

Tous ces objets sont fabriqués à la main et au marteau.

TUCCI (BENEDETTO)

ARGILE PLASTIQUE, réfractaire. — Echantillons provenant de la propriété de Paliano.

(*Voir Classe* LXVII et LXXII.)

Cie MAMI ET CONTI

ECHANTILLONS classés des mines de soufre de Canale, près de monte Virginio.

ECHANTILLONS géologiques de monte Virginio.

Soufre du commerce, de Canale. — *Soufre sublimé.* — *Minéraux sulfureux.* — *Calcaire* de Montanciano. — *Pouzzolane.* — *Tuf volcaniqne.* — *Lave basaltine.* — *Gypse.* — *Schiste* carbonifère de Tolfa.

BONDI ET Cie

ECHANTILLONS de kaolin de la carrière de Tolfa.

Cie ROMAINE DES MINES DE FER

PRODUITS DE L'ÉTABLISSEMENT DE TIVOLI.

FERS FILÉS et fers cylindrés de différentes qualités.

Chaque qualité subit à chaud et à froid les épreuves qui lui sont propres. Le fer est fabriqué avec des fourneaux à la Comptais; on emploie comme combustible des vegétaux d'essences mêlées.

PRODUITS DE L'ÉTABLISSEMENT DE LA TOLFA.

BRIQUES réfractaires pour revêtement de fours.

BRIQUES pour le commerce.

BRIQUES à biseau pour voûtes et pour fours de fusion.

ECHANTILLONS de minerais, fers oxydés, hydratés, traités au four de fusion.

GUEUSES produites par le four, avec ledit minerai traité au charbon végétal et à air froid.

FERS ET ORNEMENTS divers de première fusion.

BONIZZI (GIUSEPPE)

PRODUITS MINÉRAUX ET MÉTALLIQUES DES MONTS DE TOLFA.

Sulfure de plomb. — Sulfure de zinc. — Galène. — Pyrite de cuivre. — Sulfure de mercure. — Sulfure d'antimoine. — Mercure. — Masses de plomb.

STERBINI, BONDINI ET Cie

ALBATRES DES CARRIÈRES DE SALVATERRA.

Table ovale. — Tables ovales et carrées. — Disque d'albâtre. — Une colonne et son socle.

Les carrières de Salvaterra ont été récemment découvertes.

CINQUIÈME GROUPE. — CLASSE XLIV.

PRODUITS CHIMIQUES

ET PHARMACEUTIQUES

PISONI (les Frères ANTONIO & CONSTANTINI)

CHANDELLES DE CIRE de leur fabrication.

SAVORELLI (Patrimonio)

CAISSE DE BOUGIES ET STEARINES.— Echantillons de diverses grandeurs.

RIGACCI (Vincenzo)

SIX CIERGES dits pontificaux.

Ainsi appelés parce qu'on les emploie à Rome sur l'autel où l'on célèbre des messes pontificales. Ils sont exclusivement composés de cire d'abeilles dans toute leur épaisseur. Chacun d'eux est haut de 2 m. 50 avec un diamètre de 8 centimètres et pèse 14 kilogrammes. La partie supérieure, qui a une longueur de 50 centimètres, est seule destinée à brûler ; on peut la renouveler lorsqu'elle est consumée, et la partie inférieure, qui est historiée et ornée de peintures, reste ainsi toujours intacte. C'est pour cela que cette dernière n'a qu'une hauteur de deux mètres et qu'elle est peinte à l'huile avec des dorures, à la manière du célèbre Zuccari.

PAGLIARI (Giovanni)

Rue du Helder, 16.

Nouvel oxyde de fer, soluble.

Sucre ferrugineux.

Eau gazeuse antiseptique.

Liqueur électrique pour frictions.

Pièces anatomiques, conservées au moyen d'une eau particulière.

Pièces conservées à l'air libre au moyen de cette eau.

Eau hémostatique, combinée avec l'oxyde de fer susdit.

Papier hémostatique.

Liqueur hémostatique, à l'état solide, ayant la propriété d'arrêter toute hémorragie par son application aux blessures de toutes sortes.

CASTRATI (Giovanni Battista)

CHANDELLES DE CIRE, de sa fabrication.

CINQUIÈME GROUPE. — CLASSE. XLVIe.

CUIRS ET PEAUX

GAUTTIERI (les Frères)

ECHANTILLONS DE CUIRS de veau, tannés.

SIXIEME GROUPE. — CLASSE LVIIe.

INSTRUMENTS
ET PROCÉDÉS DES ARTS USUELS

MATÉRIEL ET PROCÉDÉS DE LA COUTURE

VALANIA (Giovanni)

MACHINE pour enfiler les aiguilles ordinaires et pour enfiler les aiguilles des machines à coudre.

SIXIEME GROUPE. — CLASSE LXe.

INSTRUMENTS

USITÉS DANS DIVERS TRAVAUX

GUIDI (Filippo)

Ingénieur, intendant de la Monnaie à Rome.

NOUVELLE MACHINE pour la reproduction des coins de monnaies et médailles.

Cette machine a été construite en 1865 pour remplacer celle qui existait à la Monnaie de Rome.

Ce qui la distingue des anciennes machines, c'est qu'au lieu de deux tours communiquant le mouvement au moyen d'engrenages, on obtient le même résultat par un simple levier qui prend son appui au point d'intersection d'un axe vertical avec un axe horizontal, et au moyen d'un pantographe servant au déplacement proportionnel de l'objet réduit.

Cette machine offre comme avantages, son extrême simplicité et la parfaite immobilité soit de l'original, soit de la reproduction, au moment de l'action du burin.

SIXIEME GROUPE. — CLASSE LXIe.

CARROSSERIE ET CHARRONNAGE

CASALINI (Pellegrino)

LANDAU à huit ressorts.

LANDAU monté sur ressorts à pincettes.

La fabrique de M. Casalini est une des plus renommées par l'importance et la perfection de ses produits.

SIXIEME GROUPE. — CLASSE LXVe.

MATERIEL DU GENIE CIVIL

ET DE L'ARCHITECTURE

BONIZZI (ANGELO)

CIMENTS HYDRAULIQUES.

L'un de ces ciments doit être employé exclusivement dans l'eau ou dans les lieux humides, l'autre peut être employé dans l'eau ou à sec.

SOCIÉTÉ ANONYME DES MARBRES ARTIFICIELS

DIRIGÉE PAR M. LUIGI LIPARI.

UN LION EGYPTIEN.

Ce lion est de grandeur naturelle, il est copié d'après l'un de ceux qui se trouvent au musée du Vatican; la matière dont il est formé imite la granitelle.

CROPPI-LEGA (PAOLO)

ECHANTILLONS DE MARBRES artificiels imitant le porphyre, le marbre vert, la lumachelle, le lapis lazuli, le marbre gris et différents granits.

SEPTIEME GROUPE. — CLASSE LXVIIe.

ALIMENTS FRAIS OU CONSERVÉS

CÉRÉALES.

SENNI (Cte)

ECHANTILLONS de plusieurs qualités de blé romain.

SEPTIEME GROUPE. — CLASSE LXIXe.

CORPS GRAS ALIMENTAIRES.

TUCCI (BENEDETTO)

HUILE D'OLIVE, de ses propriétés de Paliano.

(*Voir Classe* LXXIII.)

PORCELLI (Cdeur PAOLO)

ECHANTILLONS D'HUILE D'OLIVE, de sa propriété de Montorio Romano.

SEPTIEME GROUPE. — CLASSE LXXIe.

LEGUMES ET FRUITS

AGNEL (ANTONIO)

ECHANTILLONS DE TRUFFES en conserves.

SEPTIEME GROUPE. — CLASSE LXXIIe.

SUCRES ET PRODUITS DE LA CONFISERIE

SPILLMANN (Frères)

Confiseurs à Rome.

BONBONS exposés dans les vases conservateurs de M. Seugnot, confiseur à Paris.

SEPTIÈME GROUPE.— CLASSE LXXIIIe.

BOISSONS FERMENTÉES

ROSPIGLIOSI (Son Exc. le Prince)

VIN ROUGE, de deux qualités différentes, provenant de son duché de Zagarolo.

PALLAVICINI (S. Exc. le Prince)

VIN ORDINAIRE de Grotta Pallotta, près la porte Salara à Rome.

CAPRI-GALANTI (le chevalier GIUSEPPE)

VIN BLANC. — VIN ROUGE. — Echantillons de deux qualités de ces vins provenant de ses propriétés de Valmontane.

SENNI (Cte)

VIN BLANC de Ciampino, près Frascati.
VIN BLANC d'Aléatico.

MACCIOCHI (Constantini)

VIN BLANC mousseux de Frascati.
VIN BLANC.
VIN ROUGE.

GUALDI (Lorenzo)

VIN BLANC. — Echantillons des produits de sa vigne située près des Prati di Castello.

TUCCI (Benedetto)

VIN des années 1862, 1863, 1864, 1865 et 1866. — Vignes de paliano.

(*Voir Classe* lxix.)

ZOPELLI (les Frères)

VIN BLANC ET VIN ROUGE.

Ces échantillons proviennent des vignes appartenant à ces exposants situées hors de la porte Pia.

ARAGNO (Giacomo)

ECHANTILLONS DE VERMUTH, fabriqué avec le vin de Tusculum.

DIXIEME GROUPE. — CLASSE XC.

MATERIEL DE L'ENSEIGNEMENT

MODÈLE D'UNE CHAMBRE DES CATACOMBES

(*Voir à la section d'Archéologie,* p. 3.)

Le spécimen des catacombes de Rome a été considéré par le jury comme faisant partie du matériel de l'enseignement des sciences et récompensé, à ce titre, dans la classe xc.

RÉCOMPENSES (1)

OBTENUES PAR LES EXPOSANTS ROMAINS

NOMINATIONS DANS LA LÉGION D'HONNEUR

Le R. P. SECCHI, Officier.
Le Professeur LUCCARDI, Chevalier.

GRAND PRIX

Le R. P. SECCHI. — *Météorographe.* — Gr. II, Cl. 12.

MÉDAILLES D'OR

S. E. Mgr GIRAUD. — *Mosaïques du Vatican.* — Gr. II, Cl. 8.
Le Cher LUCCARDI. — *Sculpture.* — Gr. I, Cl. 3.

MÉDAILLES D'ARGENT

S. Ex. M. le Baron BALDINI. — *Table en marbre.*
M. SAULINI. — *Camées.*
M. CASALINI. — *Voitures.* — Gr. VI, Cl. 61.
M. le Cte SENNI. — *Blé.* — Gr. VII, Cl. 67.
M. le Professeur PONZI. — *Cartes géologiques.*
M. GATTI. — *Meubles.* — Gr. III, Cl. 14 et 15.
SOCIÉTÉ ROMAINE DES MARBRES ARTIFICIELS. — Gr. VI, Cl. 65.

MÉDAILLES DE BRONZE

S. E. Mgr le Cardinal ALTIERI. — *Université romaine.* — Gr. V, Cl. 40.
M. OLIVIERI. — *Reliure.* — Gr. II, Cl. 7.
M. RUBICONDI. — *Mosaïque.* — Gr. II, Cl. 8.
M. MARTINORI. — *Mosaïque.* — Gr. II, Cl. 8.
M. DOVIZIELLI. — *Photographies.* — Gr. II, Cl. 9.
M. DE ROSSI. — *Machines ichnographiques.* — Gr. II, Cl. 12.

(1) Nous publions cette liste de récompenses sous la réserve de modifications et d'additions qui pourront être faites ultérieurement ; les travaux du jury international n'étant pas complétement terminés.

M. CIPRIANI. — *Bijouterie.* — Gr. IV, Cl. 36.
M. CASTRATI. — *Cires.* — Gr. V, Cl. 44.
M. SAVORELLI. — *Bougies stéariques.* — Gr. V, Cl. 44.
GOUVERNEMENT PONTIFICAL. — *Modèle des Catacombes.* — Gr. X, Cl. 90.
M. PALMIERI. — *Huile.* — Gr. VII, Cl. 69.
M. STEFONI. — *Soieries.* — Gr. IV, Cl. 31.
Cie CONTI ET MAMI. — *Soufre.* — Gr. V, Cl. 40.
M. LÉGA. — *Marbres artificiels.* — Gr. VI, Cl. 65.
M. STERBINI. — *Albâtres.* — Gr. VI, Cl. 65.

MENTIONS HONORABLES

S. Ex. Mgr le MINISTRE DE L'INTÉRIEUR. — *Dentelles.* — Gr. IV, Cl. 33.
Le R. P. EMBRIACO. — *Horlogerie.* — Gr. II, Cl. 12.
Le R. P. GARRUCCI. — *Photographies.* — Gr. II, Cl. 9.
M. PALANCA. — *Parfumerie.* — Gr. III, Cl. 25.
UNIVERSITÉ ROMAINE. — *Collection de marbres.* — Gr. V, Cl. 40.
M. TONI. — *Fusil de chasse.* — Gr. IV, Cl. 37.
M. BONIZZI. — *Minerais métalliques de la Tolfa.* — Gr. V, Cl. 40.
M. D'ESTRADA. — *Bijouterie.* — Gr. IV, Cl. 36.
M. ROSSETTI. — *Sculpture ornementale.* — Gr. III, Cl. 14 et 15.
BONDI ET Cie. — *Kaolin.* — Gr. V, Cl. 40.
TUCCI. — *Huile.* — Gr. VII, Cl. 69.
M. GUIDI, Ingénieur. — *Machine pour la reproduction des coins.*
M. PETRONI. — *Instruments de musique.* — Gr. II, Cl. 10.
M. AURELI. — *Instruments de vétérinaire.* — Gr. II, Cl. 11.
SOCIÉTÉ ROMAINE DES MINES DE FER DE TIVOLI. — Gr. V, Cl. 40.
M. GAUTTIERI. — *Cuirs.* — Gr. V, Cl. 46.

Récapitulation :

Nominations dans l'Ordre de la Légion d'honneur. .	2
Grand Prix.	1
Médailles d'or.	2
Médailles d'argent.	7
Médailles de bronze.	15
Mentions honorables.	15
Total :	42

ORDRE ALPHABÉTIQUE

DES EXPOSANTS

PARIS. — IMP. ADRIEN LE CLERE, RUE CASSETTE, 29.

www.ingramcontent.com/pod-product-compliance
Ingram Content Group UK Ltd.
Pitfield, Milton Keynes, MK11 3LW, UK
UKHW012056240726
13965UKWH00004B/1317

9 782013 057943